AF322672

„Ziemia to tylko maleńka plamka krążąca wokół Słońca w nieskończonej przestrzeni. Jednak dla nas, ludzi, jest to także miejsce narodzin wszystkich żywych istot i ojczyzna ludzkości. Geologia rozwinęła się w celu badania tego najważniejszego z ciał niebieskich.”

Prof. Yehuda Leo Picard
Założyciel Instytutu Nauk o Ziemi na Uniwersytecie Hebrajskim w Jerozolimie oraz Służby Geologicznej Izraela

To jest Ziemia.

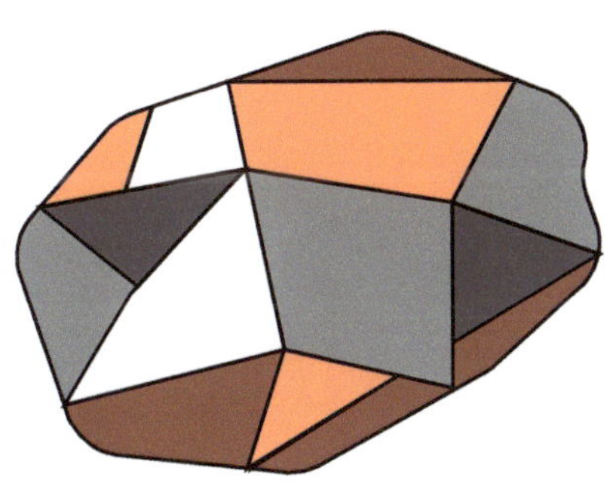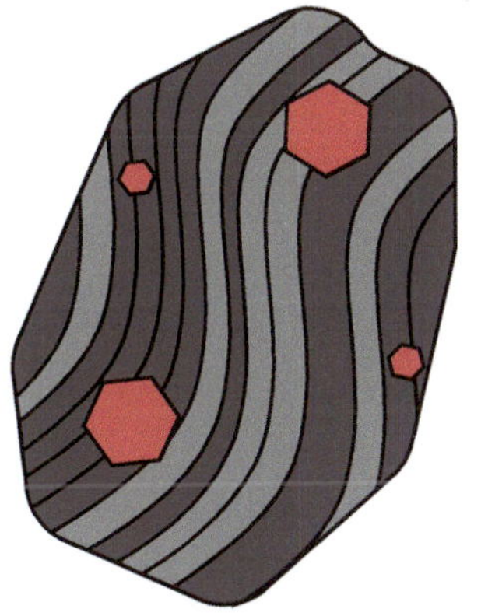

To są skały.

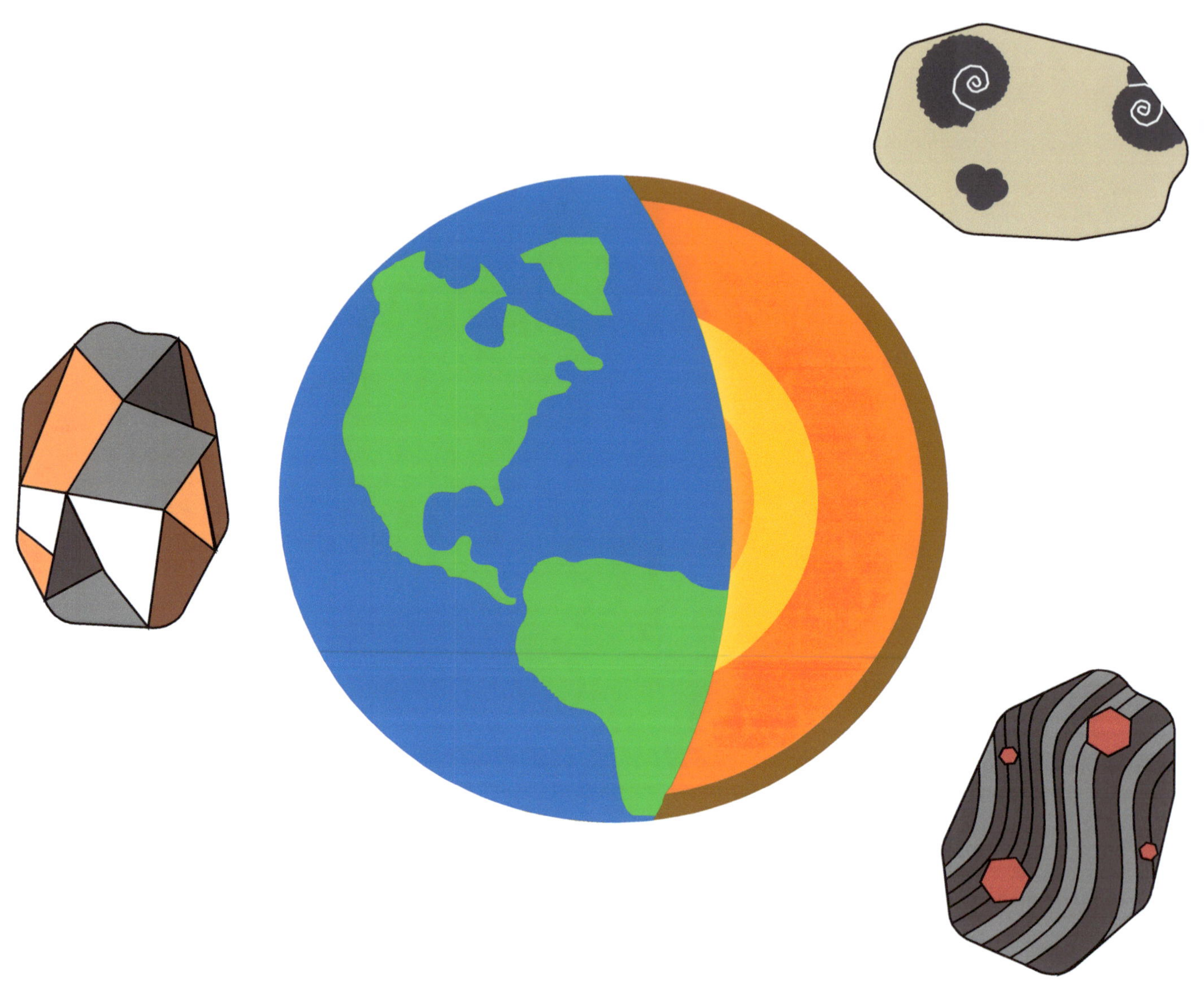

Powierzchnia Ziemi jest zrobiona ze skał.

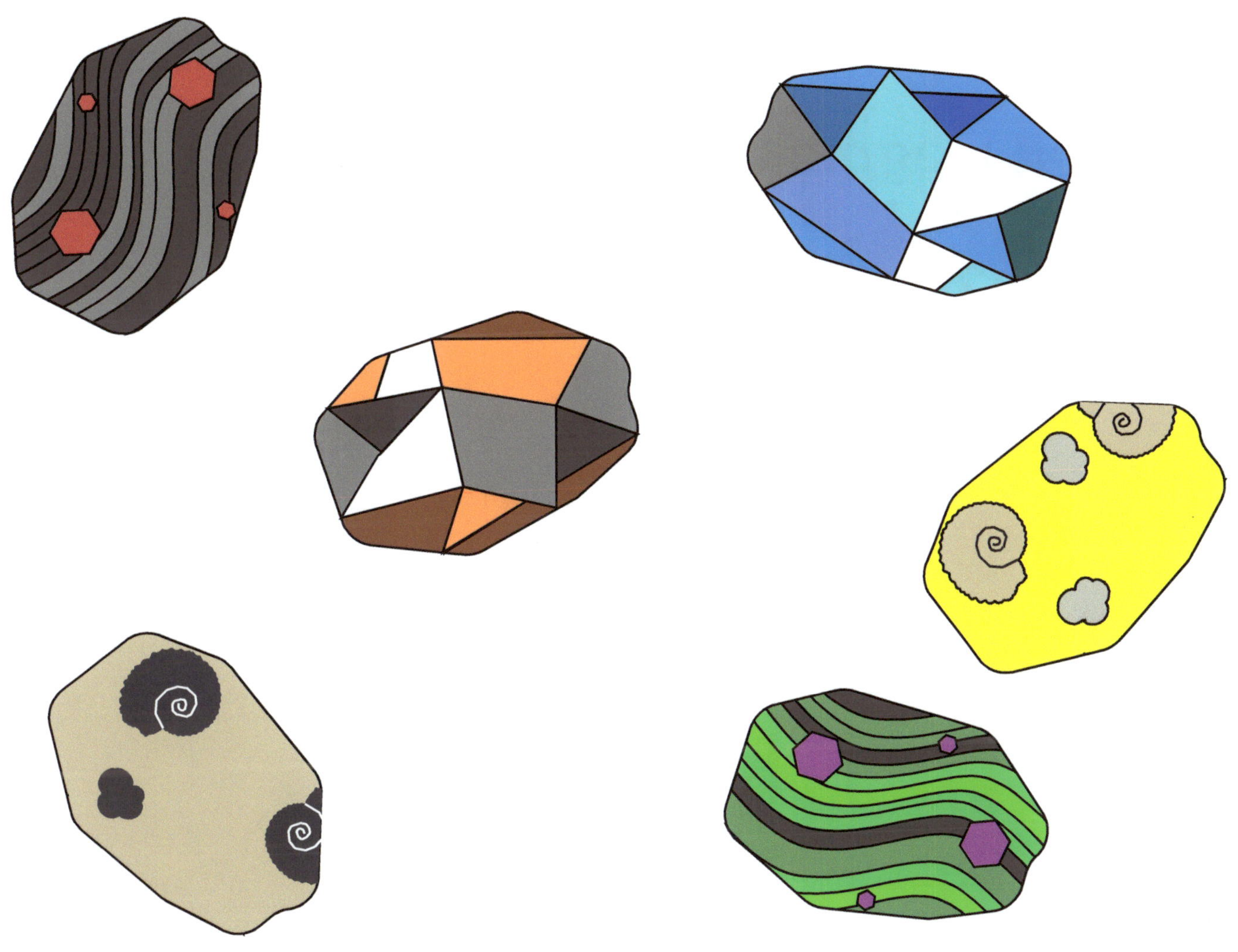

**Różne skały mają
różne kolory i tekstury.**

Skały magmowe

Skały osadowe

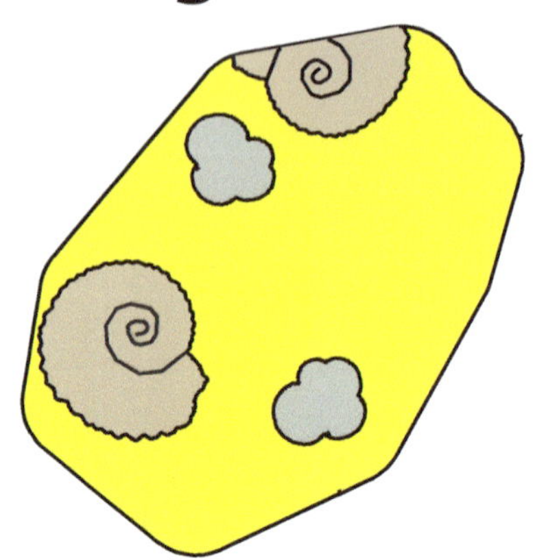

Skały metamorficzne

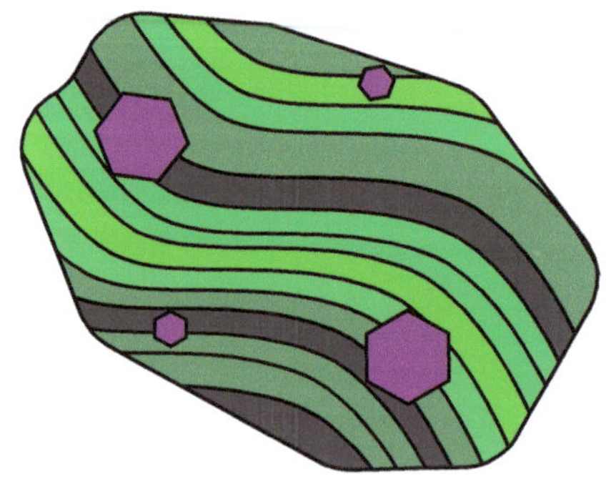

Są trzy główne rodzaje skał.

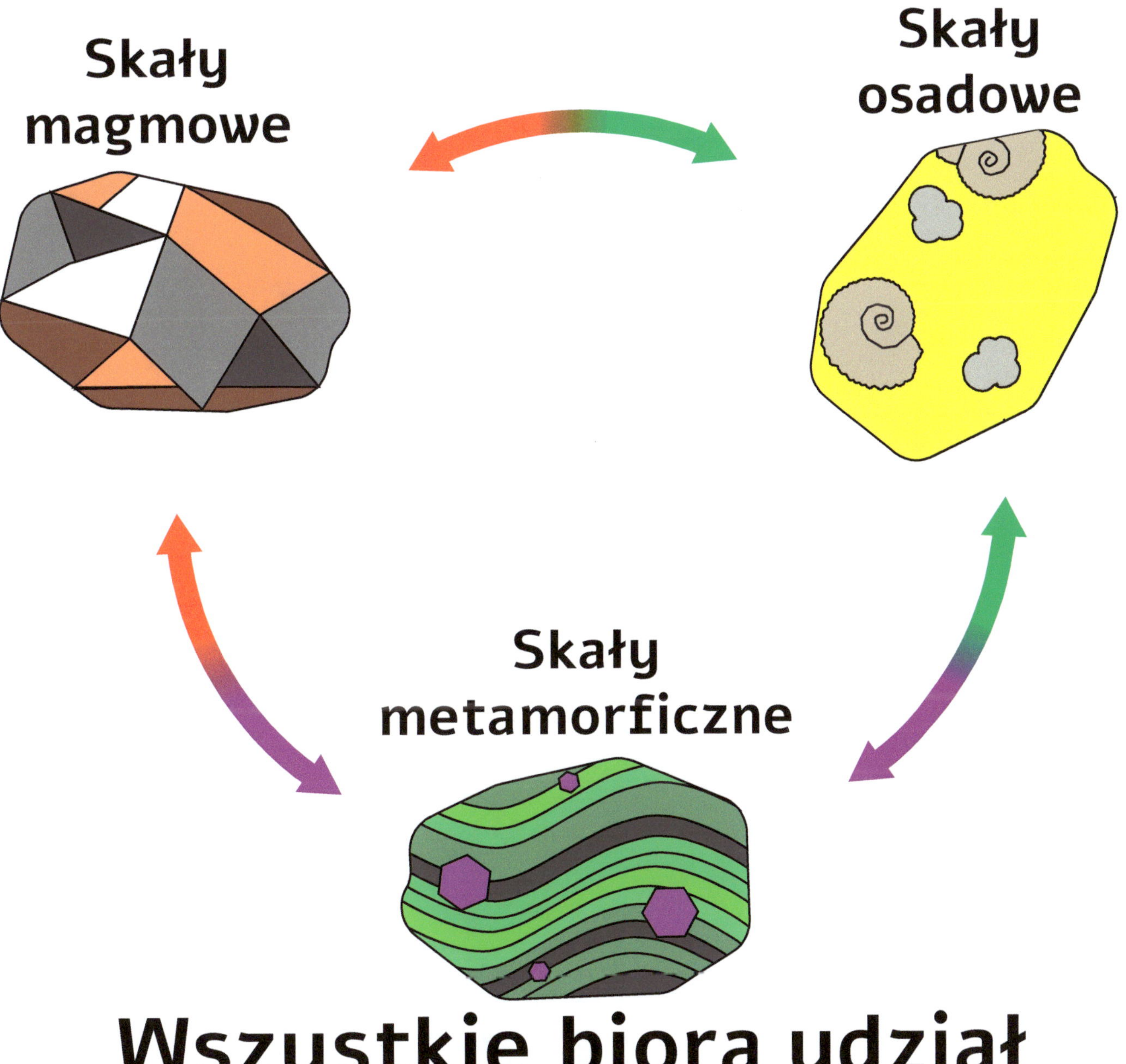

Wszystkie biorą udział w cyklu skalnym.

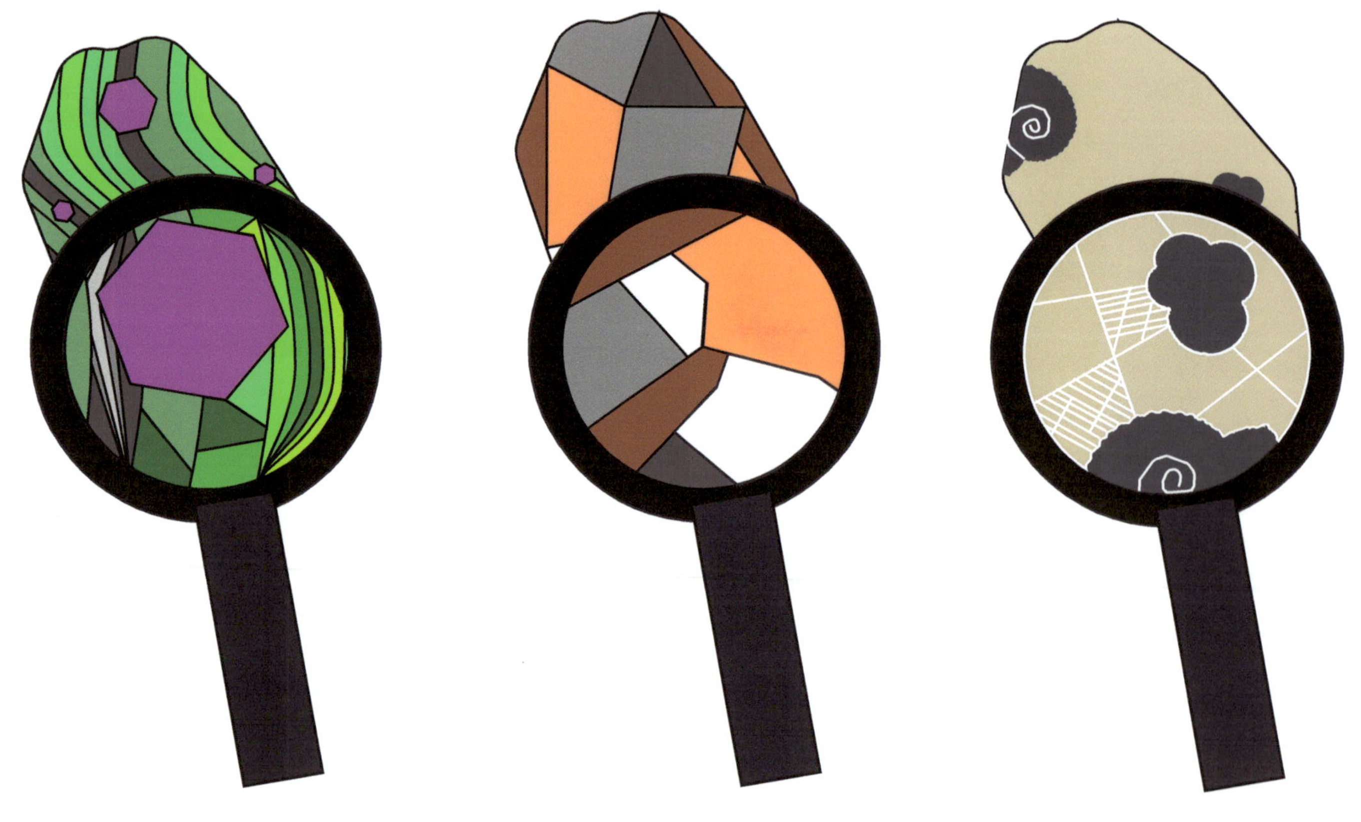

Różne skały powstają
z różnych minerałów.

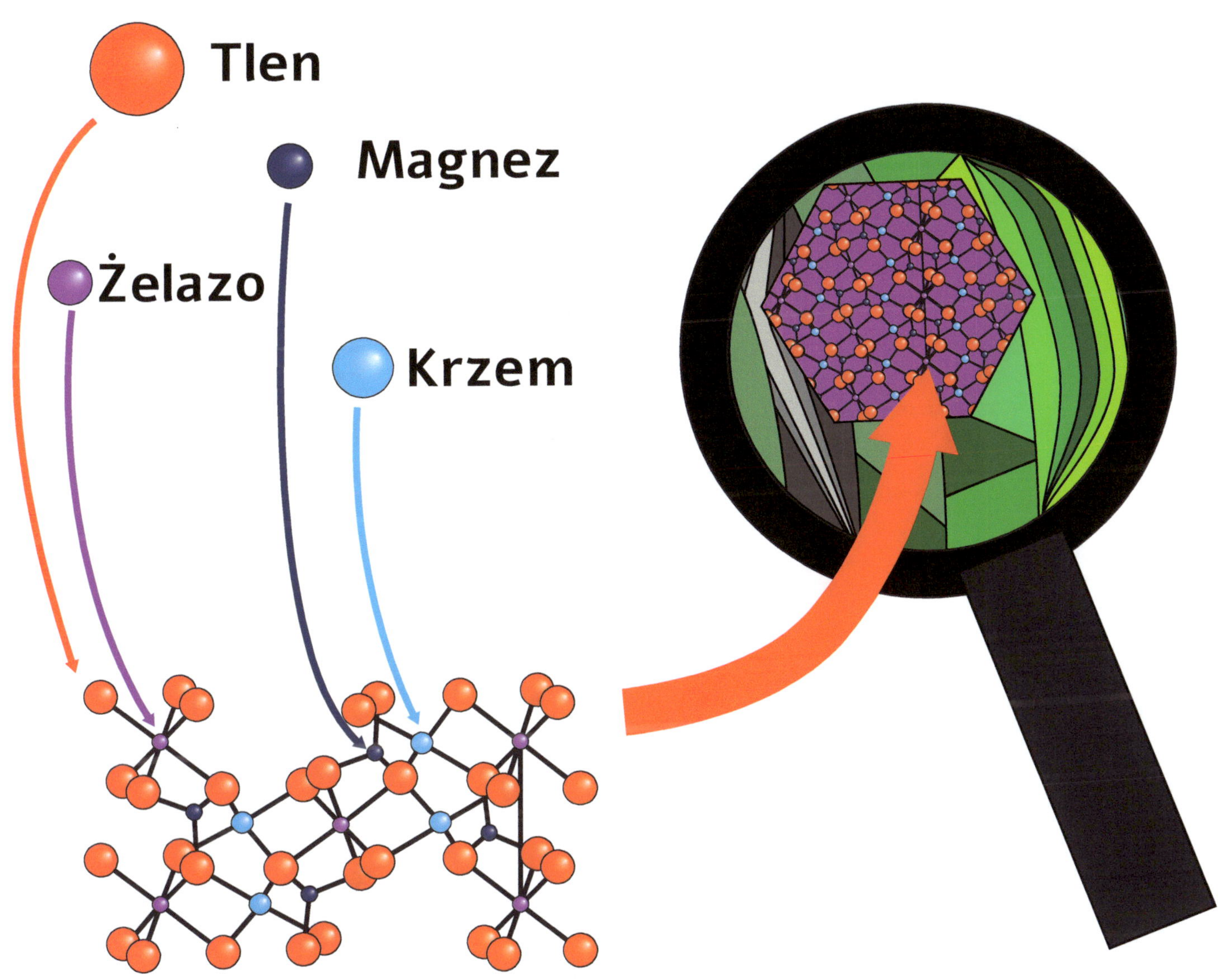

Minerały składają się z pierwiastków.

W różnych środowiskach
powstają różne skały.

Kiedy skały są rozgrzane topią się.

**To jest magma!
Kiedy wydobywa się na
powierzchnię nazywamy ją lawą.**

Skały magmowe powstają ze stygnącej magmy i lawy.

**Małe kryształy powstają,
kiedy lawa schładza się szybko.**

Kiedy magma stygnie powoli,
tworzą się duże kryształy.

Odsłonięte skały ulegają niszczeniu i tworzą osady.

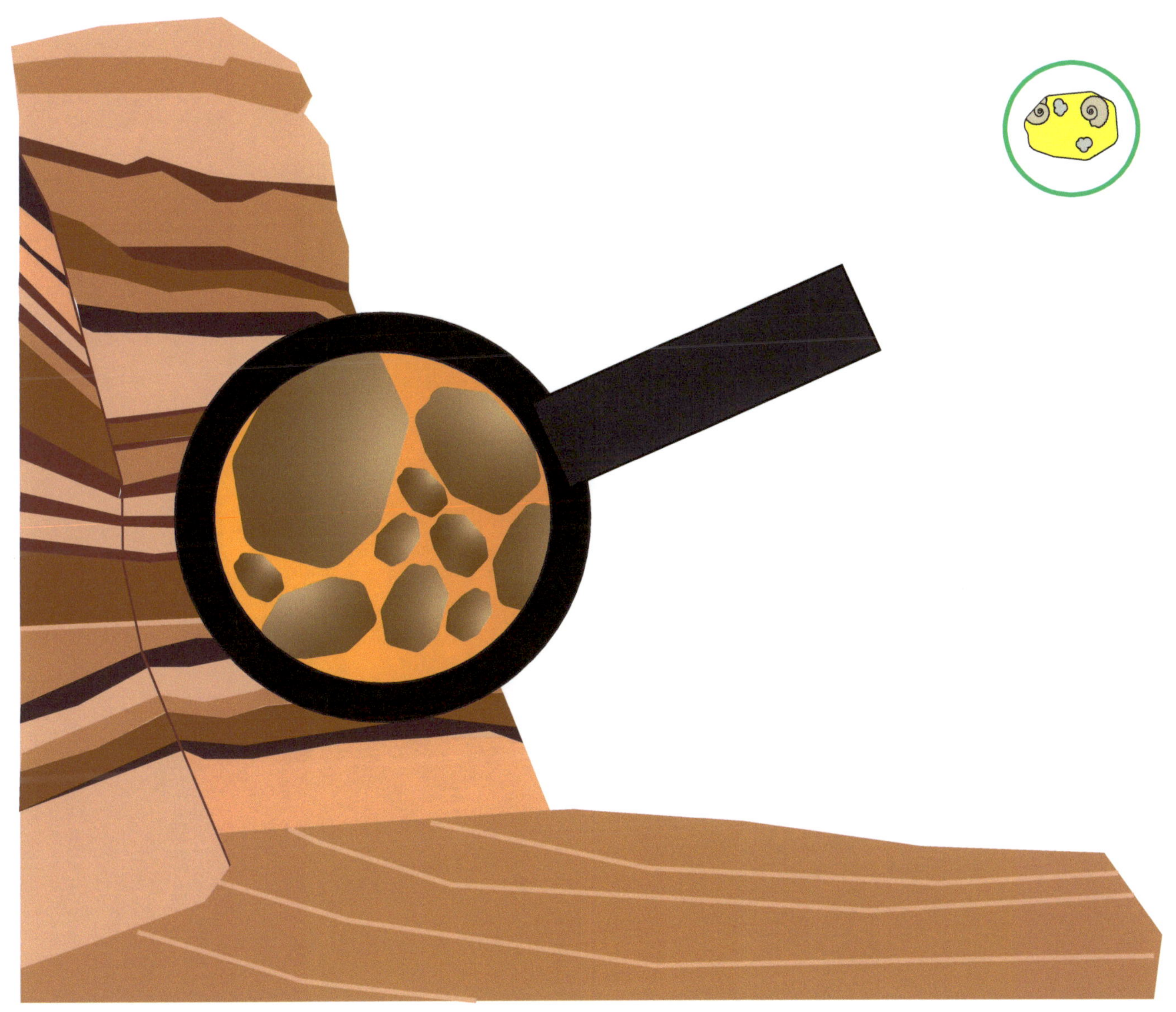

Kiedy osady się trwale połączą zamieniają się w skały osadowe.

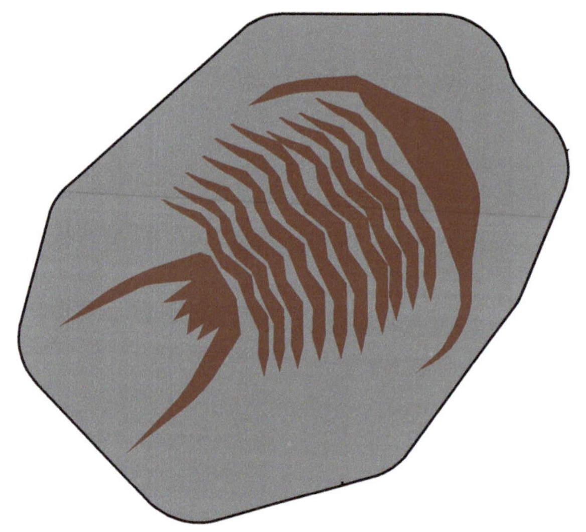

Niektóre skały osadowe zawierają skamieniałości.

Skamieniałości to pozostałości żyjących niegdyś stworzeń.

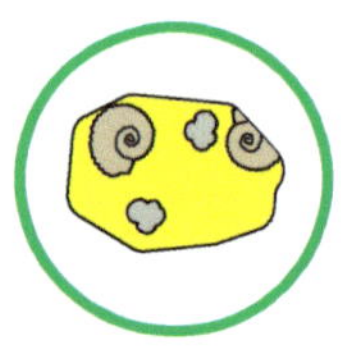

Stegozaur

Niektóre skamieniałości są wielkie!

Niektóre skamieniałości są maleńkie!

Skały osadowe
mogą być wyjątkowo kolorowe.

Inne są białe, szare albo czarne.

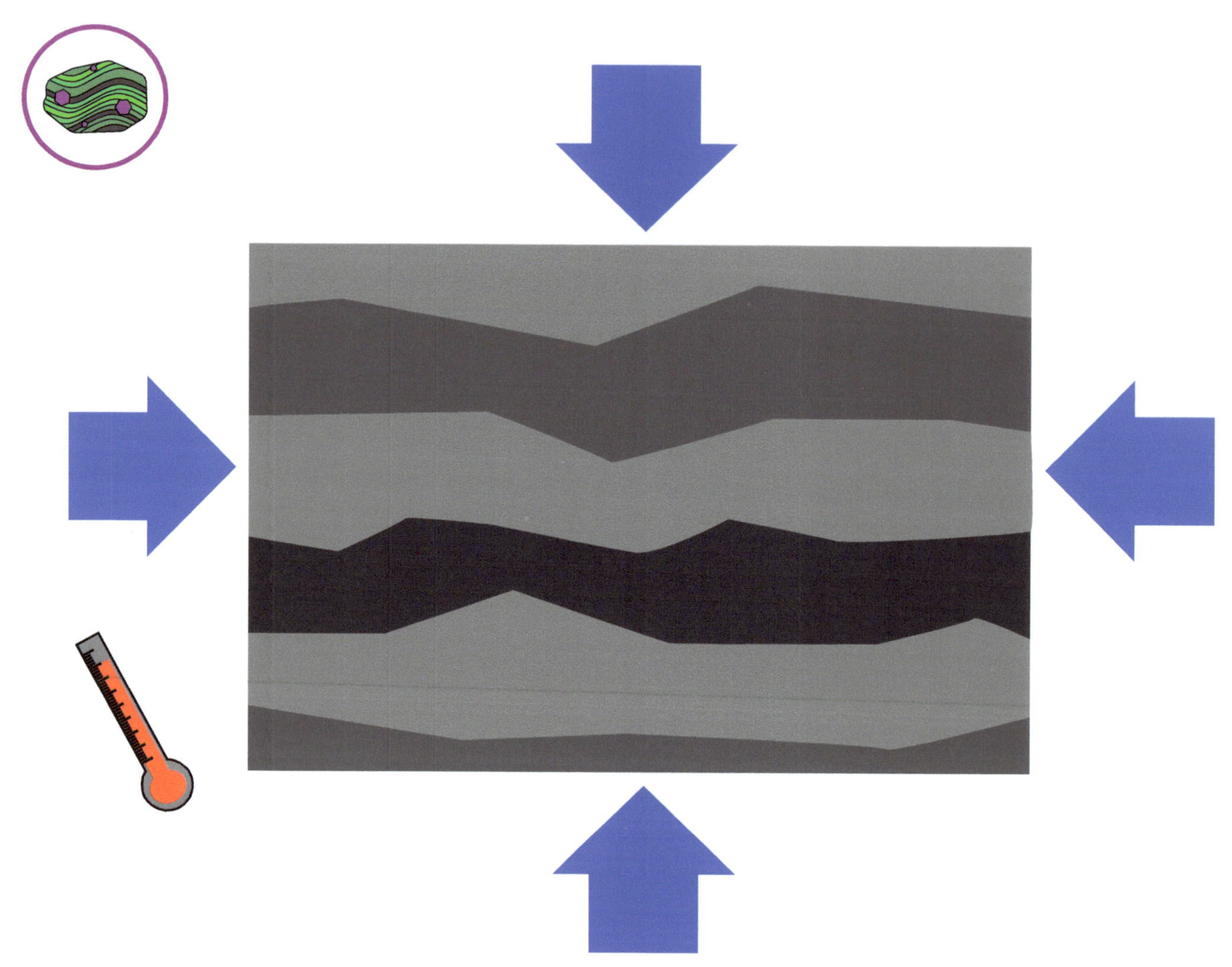

Ciepło i ciśnienie wpływają na wygląd i układ minerałów w skałach.

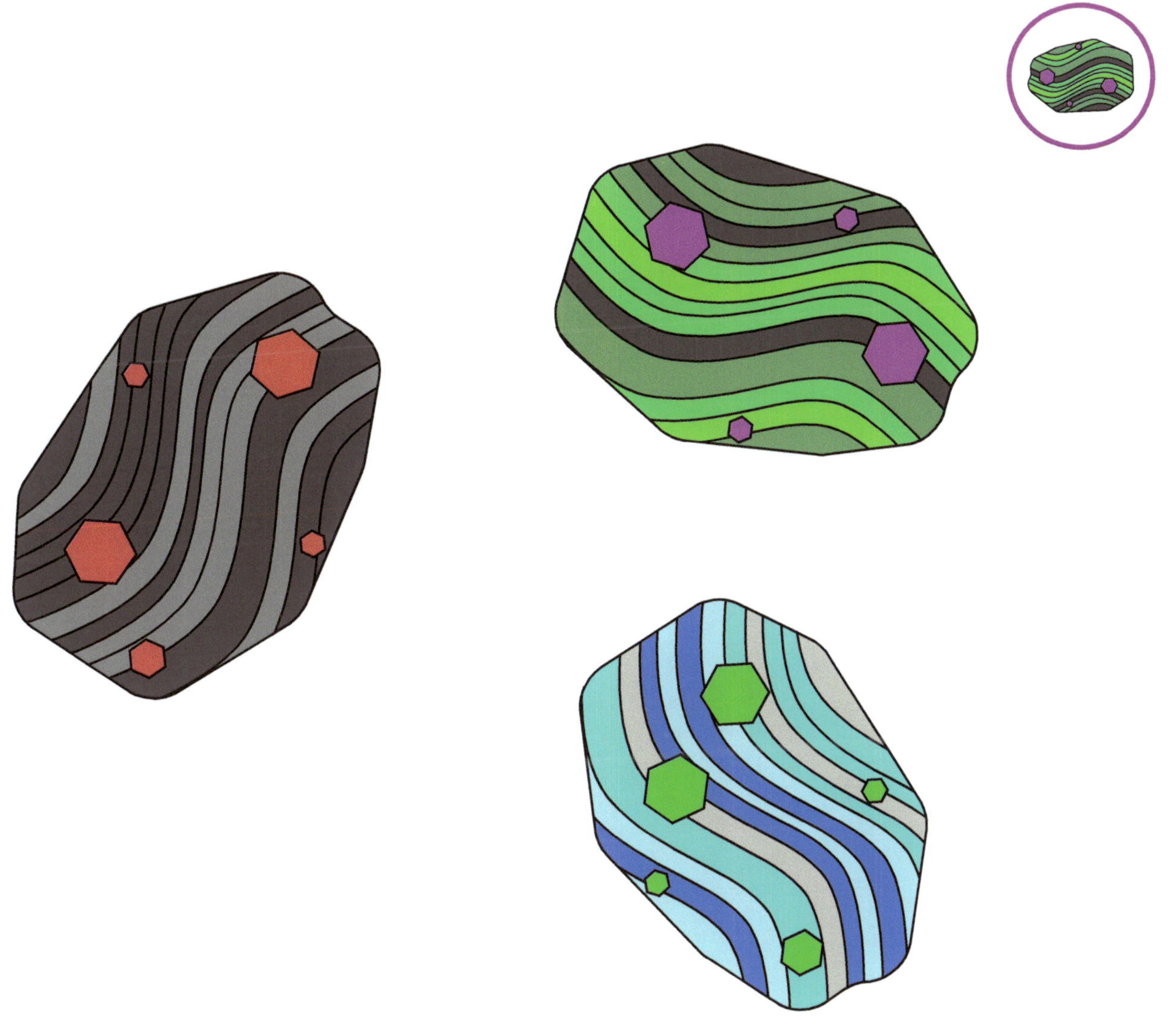

To są skały metamorficzne!

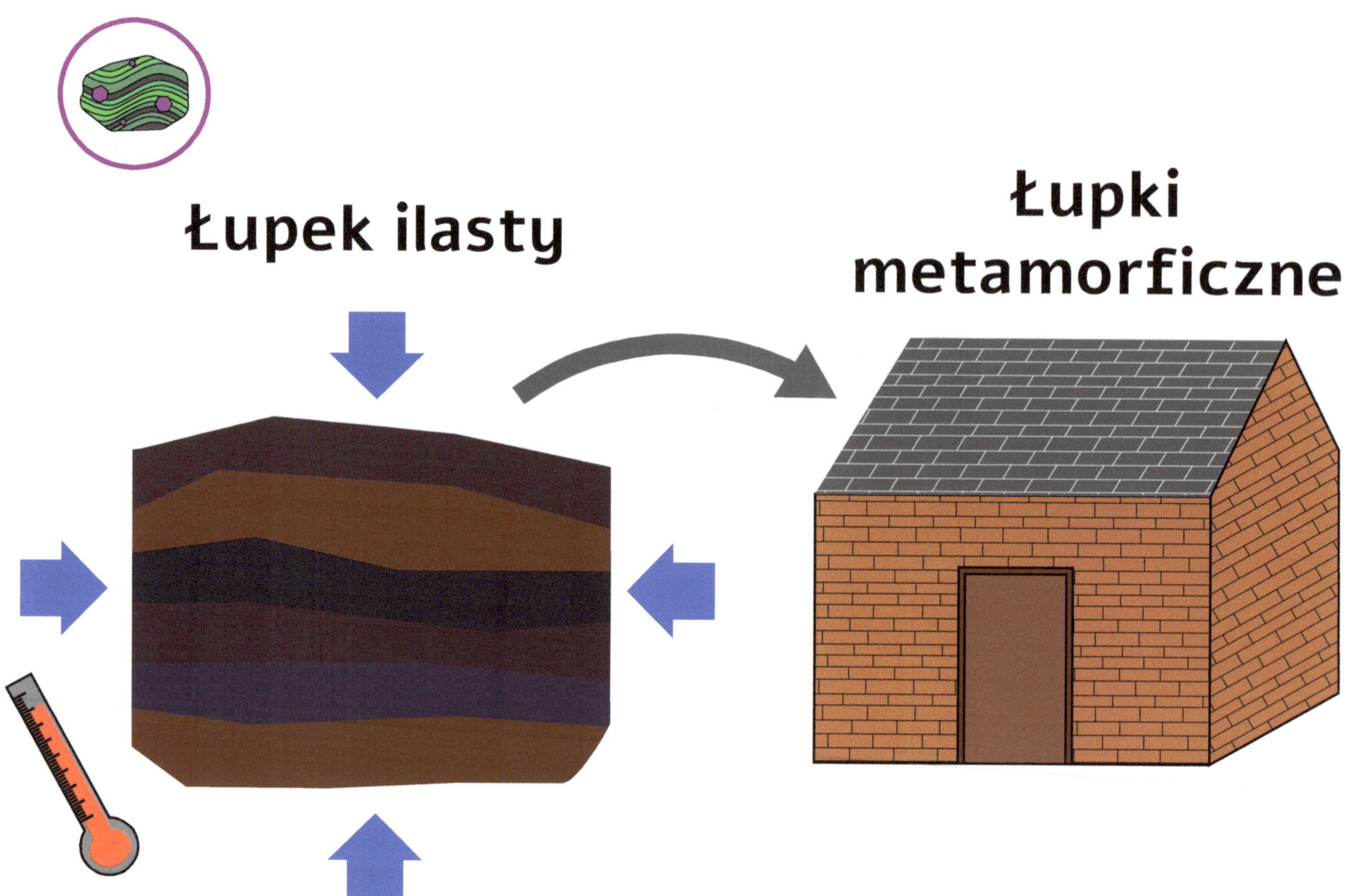

W ten sposób otrzymujemy łupek, którym pokrywamy dachy!

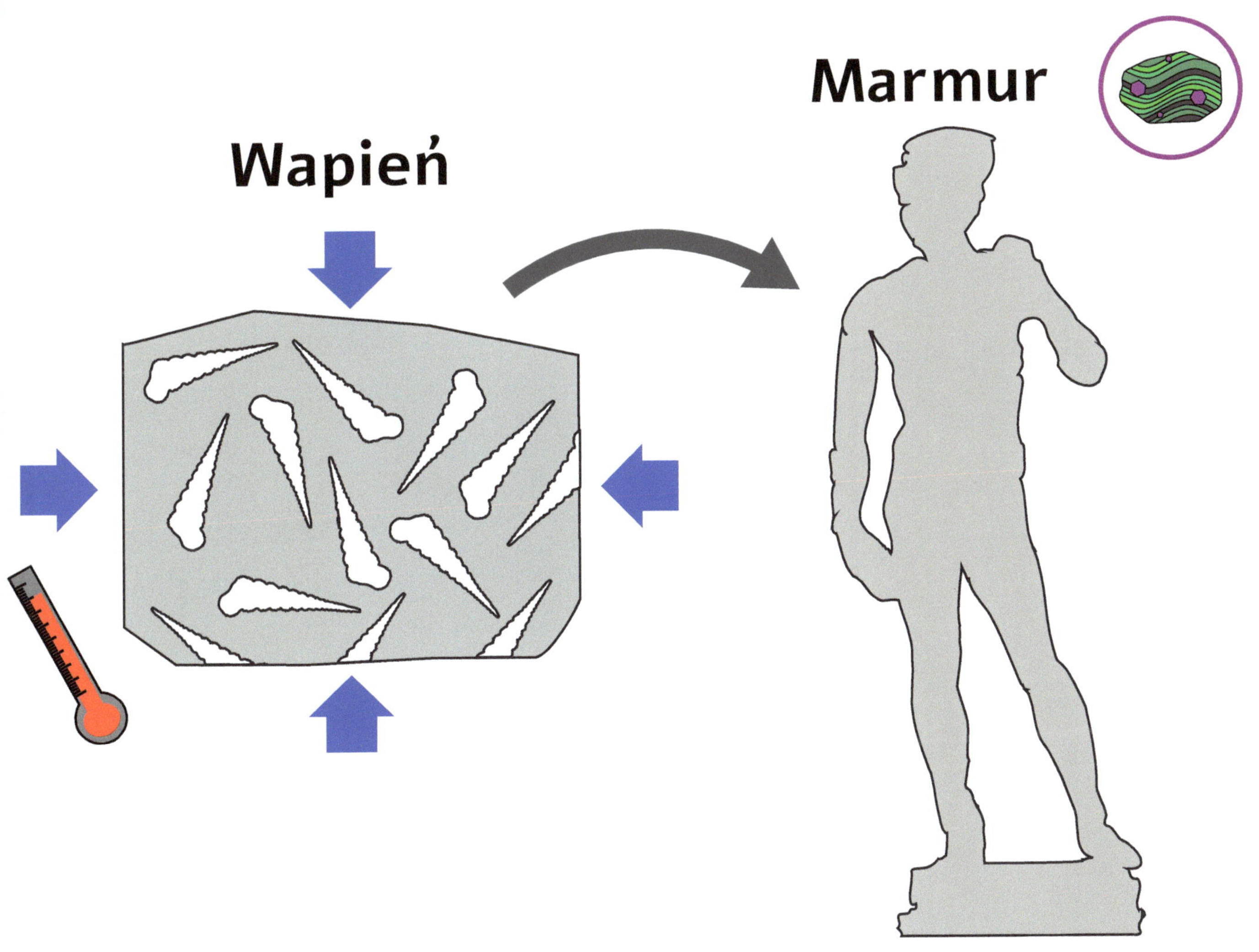

Tak też pozyskujemy marmur,
z którego powstają posągi i pałace!

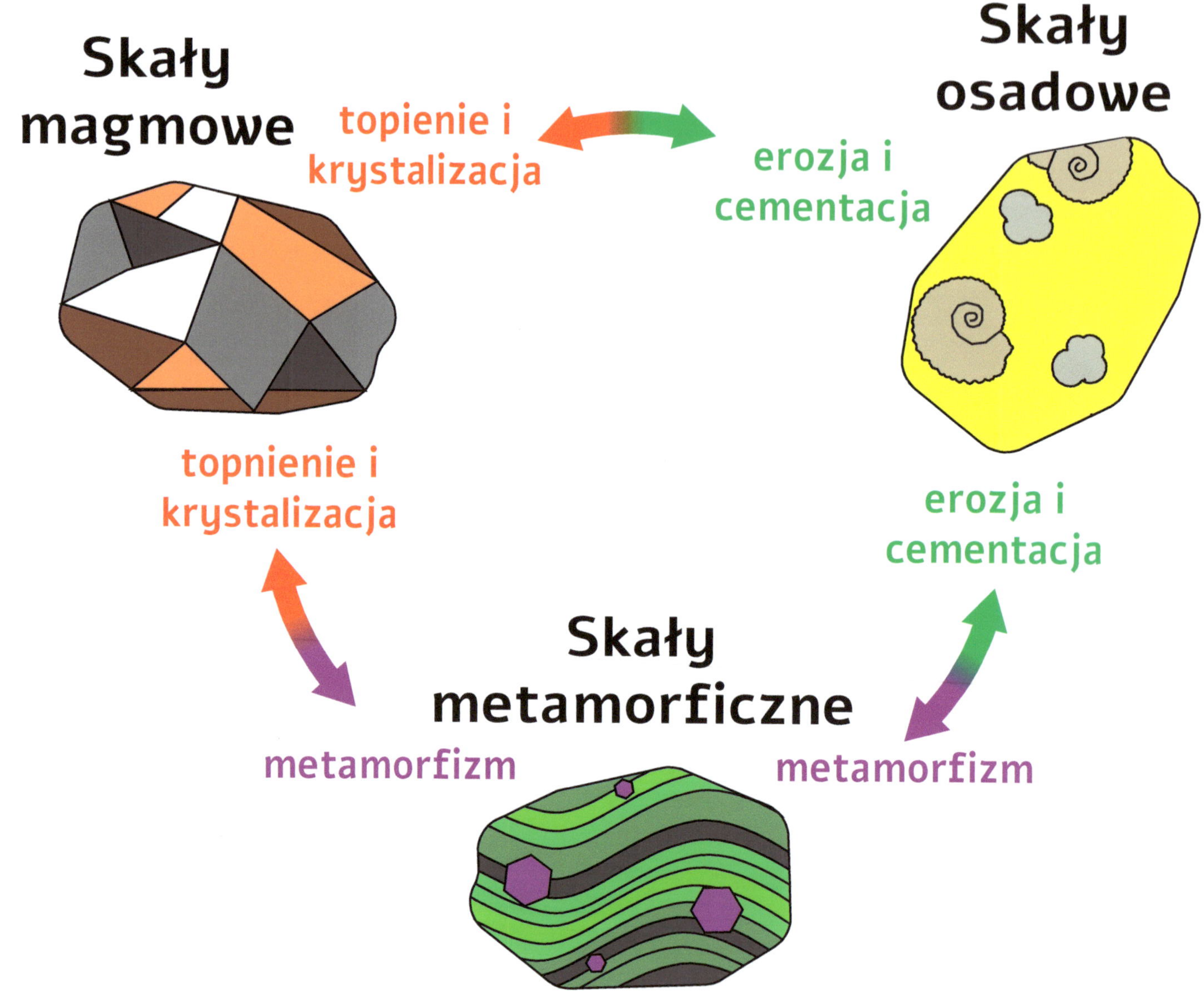

Wszystkie skały przechodzą przez ten niekończący się cykl.

Magmatyzm

Lityfikacja

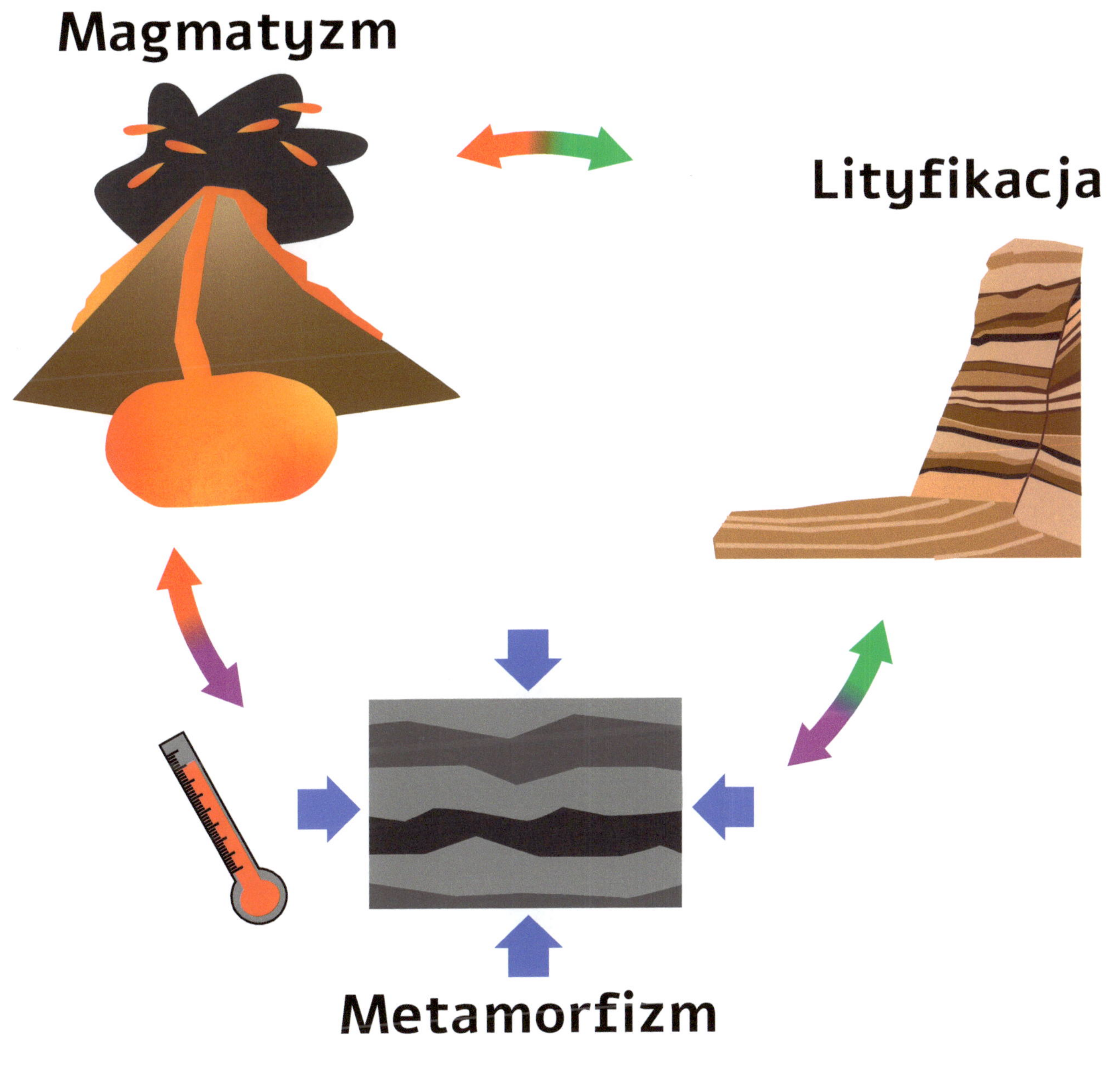

Metamorfizm

To jest cykl skalny!

Leksykon

Erozja - proces rozpadu, rozpuszczania i usuwania skał i gleb skorupy ziemskiej przez rośliny, deszcz, wiatr, rzeki i lodowce.

Lawa - stopiona skała (magma) w temperaturach w zakresie od około 700 do 1200 °C (1292 do 2192 °F), która na skutek erupcji (wybuchu) wydobyła się na powierzchnię Ziemi.

Lityfikacja - przemiana osadów w skały osadowe poprzez zagęszczanie, wypychanie wody i cementację.

Magma - stopiona skała o temperaturze w zakresie od 700 do 1200 °C (1292 do 2192 °F), która nie wydobyła się na powierzchnię Ziemi na skutek erupcji.

Metamorfizm - przeobrażenie minerałów i skał pod wpływem ciśnienia i temperatury bez topnienia.

Minerał - naturalnie występująca substancja o budowie krystalicznej. Kalcyt (*calcite*), aragonit (*aragonite*), granat (*garnet*) i kwarc (*quartz*) to przykłady minerałów.

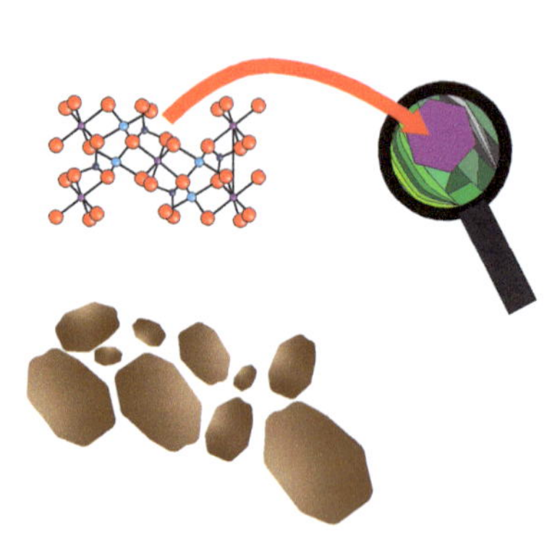

Osady - fragmenty skał, gleb i skamieniałości powstałe w wyniku wietrzenia i erozji. Osady są przenoszone przez wiatr, wodę i lód. Piasek i ił to rodzaje osadów, które na skutek lityfikacji mogą utworzyć odpowiednio piaskowiec i łupek.

Pierwiastek chemiczny - substancja chemiczna składająca się tylko z jednego rodzaju atomów. Pierwiastki chemiczne tworzą całą podstawową materię we wszechświecie. Magnez (*magnesium*), żelazo (*iron*), krzem (*silicon*) i tlen (*oxygen*) to przykłady pierwiastków.

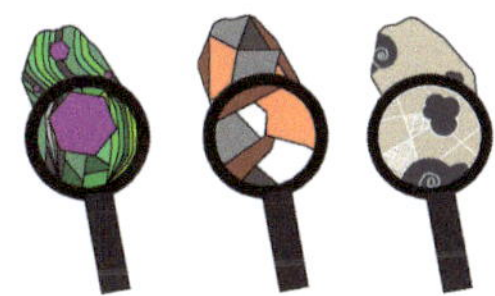

Skała - naturalnie powstały zespół minerałów. Granit (*granite*), wapień (*limestone*), łupek (*shale*) i marmur (*marble*) to przykłady skał.

Skały magmowe - skały powstałe w wyniku krystalizacji stygnącej magmy i lawy. Granit (*granite*), gabro (*gabbro*) i bazalt (*basalt*) to przykłady skał magmowych.

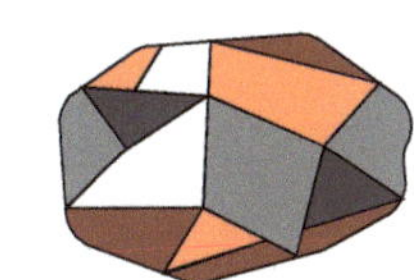

Skały metamorficzne - skały powstałe w wyniku metamorfizmu innych skał w odpowiedzi na wzrost temperatury i ciśnienia. Proces, podczas którego powstają nowe minerały kosztem minerałów pierwotnych. Marmur (*marble*) i łupki metamorficzne (*schist*) to wszelkiego rodzaju skały metamorficzne.

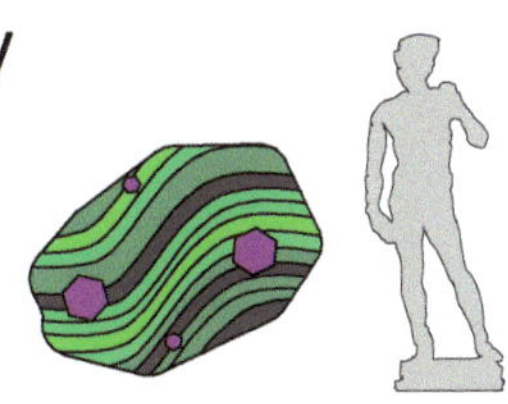

Skały osadowe - rodzaj skał, które powstają z osadów mogących ulec lityfikacji. Ich skład i tekstura zależą od środowiska osadzania. Skały osadowe powstają w prawie wszystkich środowiskach lądowych i podwodnych. Wapień (*limestone*), czert (*chert*) i piaskowiec (*sandstone*) to przykłady skał osadowych.

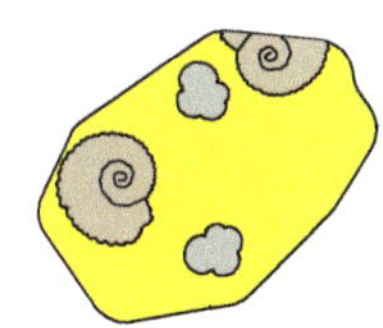

Skamieniałości - wszelkie zachowane szczątki lub ślady jakiejkolwiek żyjącej niegdyś istoty. Kości, muszle, tropy zwierząt, włosy i skamieniałe drewno to przykłady skamieniałości.

Wietrzenie - degradacja na miejscu (in situ), rozpad i rozpuszczanie skał i minerałów w wyniku interakcji z powietrzem i wodą na powierzchni Ziemi.